AF450238

PALABRAS DE AMOR
"SIN SODA Y SIN HIELO"

Evaristo Ramón Buda de León

PALABRAS DE AMOR
"SIN SODA Y SIN HIELO"

EDITORIAL
LETRA MINÚSCULA

Primera edición: noviembre de 2020
ISBN: 978-84-18447-70-9
Copyright © 2020 Evaristo Buda
Editado por Editorial Letra Minúscula
www.letraminuscula.com
contacto@letraminuscula.com

Índice

EPÍSTOLA

El viaje de las nubes, sus arabescos al pasar frente a
la luna, traen postales a mi mente, nítidas imágenes
juegan, van y vienen madrugadas, dan vida al
requiebro, al poema de amor que sigo intentando y
no me satisface, ya que no colma el sentimiento que
quiere ser perfecto.
Y pasan las horas de un tiempo de brumas y arrullo,
de amores salvajes, deseos;
no encuentro la palabra justa y es poco... muy poco
un simple "Te quiero".

PALABRAS

Es lindo jugar con las palabras…

La más bella es la palabra "mujer".

Unida a un "Te amo, madre"

sin duda es la frase más bella.

"Te amo, mamá", "Te quiero, hermano".

No sabes cuánto te amo, mujer,

lo feliz que me haces.

Eres mi hijo preferido;

tú, mi hija predilecta;

si los llevo de la mano,

mi felicidad es completa.

Elige las palabras, regala una caricia;

en un abrazo apretado

el mundo está a tus pies,

eres un ser alado

de la palabra "amor" sentida, nace la vida.

EL LIBRO ES

El compañero de viaje
y parte del equipaje,
el cambio de tiempo, el engranaje,
remache del andamiaje.
El libro es
alimento para el alma
cuando canta, cuando ama;
desde el laurel a la palma
todo es pampa, el universo se calma.

Es una luz en la profunda oscuridad;
guía cuando estás en soledad,
nos enseña a vivir con dignidad.
Es un amigo que no tiene maldad
El libro es
vida, fuerza, romanza, intensidad,
frases, equidad, domina la ansiedad,
eterna juventud, inmunidad,
una receta, buena salud y libertad.

DE FANTASMA Y DE RONDA

¡Fantasma!

¿Yo? Yo soy tu infinita realidad.

¿Yo, que siempre estoy a tu lado,

prendido al pasado, soy fantasma?

¡Soy el que besa tu planta y la riega,

para que siempre tengas flores nuevas!

¡Si así lo quieres, soy un espíritu que te ama!

Nada es absurdo entre dos almas, vengo de ronda;

El sabor y el aroma no se pierden... perduran

en amor, en el terciopelo de mil caricias.

Estuve y estoy preso, prendido a tus labios,

a un delirio, a una locura imposible

que el tiempo hizo indeleble.

Es música y piel que juega, tocata y fuga.

Me dices tu nombre

y abro el capullo de forma instintiva;

allí está tu piel dormida

y la beso una y otra vez.

¡En un loco me he convertido!

No soy fantasma, no; viajo contigo enamorado.

LO QUE QUIERO

Quiero ser la luz
no quiero ser tu sombra,
quiero ser la brisa
que modela tus formas.

No quiero ser la sombra
que se esconde tras de ti,
no quiero que sufras,
quiero verte feliz.

Te quiero tanto que…
quiero que en detalle,
el cielo te ilumine,
verte siempre alegre,
que nunca estés triste.

Quiero estrenar contigo
un mundo de caricias,
mirarme en tus ojos,
robarte en el alba, una sonrisa.

TREINTA PALABRAS DE AMOR

Tengo palabras del alma para ti,
los madrigales más puros;
te quiero seducir,
sin embargo, soy yo el seducido.

Así te sueño por las noches,
sin condición ni utopía.
Distinta, única, ante esa gente cautiva,
hambrienta de interpretar mi poesía.

Son voces que me llegan, desde lejos,
a partir, quizás, de otra vida.
Anheloso ensueño
de amor y fantasía.

Treinta días, treinta noches.
Treinta sueños diferentes.
Treinta maneras de amarte.
Treinta versos inocentes.
Treinta palabras de amor,
y mi amor, eternamente.

ACORDES DEL SILENCIO

Quiero entrar en tus silencios,
conversar con tus sentidos
para saber si estoy allí,
si lloras la alegría de estar junto a mí.

Es mi afán llegar musitando,
¡hasta anhelo tu sitial!;
si falta ese acorde musical,
mi monótona redundancia
lo quiere hacer vibrar.

Liberar mutismos, entre armonías.
Juntar afonías, abrir la soledad.
Entrar a vivir sin pausa, con sinceridad.
Quiero poner en tu oído
el sonido claro de mi corazón,
sin prisa, sorprender la grata delicia
de tus dones espirituales, sugestivos.
Quiero saber del silencio elíptico,
de los bellos y sagrados secretos.
Quiero entrar susurrando, como los pájaros;
aspiro a entrar cantando en tus silencios
guardados en el alma, y arrullarlos.

TODOS SON ALMENDROS

Las almendras de tus ojos
acarician cuando miras,
titilan igual que luces,
y desde el fondo de tu alma
llega tu sonrisa dulce
para quitarme la sed.
Uno siente regocijo
de mieles almibaradas.
Miscelánea de trigo
tanta mies en la pradera,
hermosa flor que perdura
de la cabeza a los pies.
Se enamora la piel.
Queda la noche encantada.

A través de la neblina
siempre busco tu mirada,
siempre libre, apasionada,
siempre pastora de sueños.
Adivina lo que siento
si imagino que me amas.

EL AMOR

El amor no se puede confundir.
El amor es compartir
una forma de sentir,
un modo de vida,
una manera de pensar
no se puede inventar.

En el amor hay que tener
la misma perspectiva,
amar una cualidad,
unificar una razón de ser
sin imponer condición,
comprender la realidad.

Tomar lo natural
de cada situación,
juégate, juégate siempre por la verdad
sin poner ni quitar pasión,
no apures una determinación
que así, y solo así, lograrás amor.

EL OTOÑO ES MI TIEMPO MEJOR

Estoy de cara al otoño,
este es mi tiempo mejor,
donde maduran los sueños
y romancea el amor.

Donde desnudo el pudor
y la calma me domina,
colorea de paz su sol,
destila dulce armonía,
consigo el justo temple
que precisa la autoestima.

El otoño me trae suerte,
me da ternura y cadencia,
hace fuerte mi existencia,
les da calor a mis días,
como pétalos de rosa
así deshojo mis rimas.

Mi tiempo mejor,
mi estación ideal,
sin duda es el otoño,
donde la bella mariposa
suave se posa en mi mano,

me regala su ternura,
despierta en mí una voz.
El sentimiento más puro.

Por eso al otoño digo
eres mi tiempo mejor,
Pues, me siento más humano
y me doy cuenta que amo
con todo mi corazón.

ÁMAME AHORA

Aún no es tarde, tierna corola,
recién empieza la primavera,
es temprano.
Si aún me deseas, amante,
no prendas cirios sobre la sepultura;
todavía no da sombra el ciprés
ni el nardo ha pintado su aroma de noche.

Es la hora ideal para bucear
en el océano del alma,
antes de que suene la campana
y el tiempo, en un susurro,
se vuelva melancólico.
Tómame la mano, hoy,
hoy estamos a tiempo,
mañana será tarde;
el océano baña ardiente,
enreda la mente, los huesos y la piel.
Si lo quieres como ofrenda,
ahora que el océano está vivo,
antes de que sea un quieto pantano
y se sorprenda la infancia.
Después me encontraré viejo,
todo será... nada más que un sueño.

SUEÑOS

Tres noches seguidas escuché su voz
canturreando en la almohada;
desde la penumbra hasta mi alivio
y después, nada.
Enjugaba los ojos para recordar.
Ubicaba al revés el respaldo,
quería poner el murmullo a ahondar
sobre el pecho… y nada;
figura imaginada de mujer sentida… amada.
Sitio encerrado, desfilar.
tiempo de insomnio…

¿Acaso era lo aplazado?
La quería abrazar y se alejaba
una noche y otra… fueron tres, no menos,
hasta que me di cuenta, el remoto pasado
juega conmigo, y los recuerdos
se agolpan, ¡qué parecidos son
remembranzas sentimientos, sueños!

POR SIEMPRE, ABRIL

Cuando en las mañanas de abril abro las ventanas,
las fantasías vuelven a estar en galopadas huestes.
Las auroras traen en la tañida campana
el ánfora dulce, el embeleso está presente.
Cantan en el jardín las aves tempranas,
vibran, vuelve el rocío a la fuente,
a tus ojos celestes.
El embeleso de amor en el huerto
con manojos nuevos
en felicidad se convierte.

En la alcoba, en el patio, brinca la alegría.
Sonrío cuando llega su mirada a la mía,
mueren la tristeza y la melancolía.
Renacen los sueños, abril. Y el otoño
trae recuerdos amores y vida.
Cuando llega, le abro la puerta.
Que no quede afuera, que entre contigo,
me trae el fresco, me trae tu abrigo.
Me presta tu piel, se duerme conmigo.

Evaristo Ramón Buda de León

CON LOS OJOS DEL AMOR

Eres la luna cuando asoma en la ventana
embrujando los sentidos
y juegas con mis sueños
de poeta enamorado.

Te veo en el crepitar de la brasa
cuando chisporrotea
y, sin distraer, encanta
el hogar en las esperas.

Eres toda ternura,
estás en el sensible e imprescindible beso,
en cada detalle menor,
en la astuta insinuación.
Ay, rosa bermeja, estrella dorada,
llevas a perfecta nuestra relación.

El movimiento sensitivo de tu andar
es el simétrico ritmo del mar en calma,
barca cargada de anhelos,
golondrina o gaviota surcando el cielo,
romanza de amor del romancero,
caricia sutil puesta en los ojos de tu romeo.

EL ALMA DEL POETA

Yo dibujo letras con mis manos;

metáforas, arrullos, malabares.

Esbozo lo que quieren ver tus ojos.

Pinto tu cielo, oriento el sol.

Mi pincel pinta aromas y sueños,

paisajes de paz, senderos.

Espanto fantasmas a punta de grafo

con la rebeldía de ser creador.

Amo el placer oscuro de la noche, su tinte azul

que parece eterno… apuesto a lo etéreo de la luz,

disfruto de su amante eternidad.

El amor hace realidad el encanto de nacer.

Armonizo los matices anaranjados del amanecer.

Animo a querer una vida ideal, a estar en su centro primordial.

Artista capaz de la mentira sutil,

de trazar alegrías donde duerme la tristeza,

de acariciar perfiles y naturaleza,

todo por la gloria de vivir.

Creo palacios, amores; fórmulas para disfrutar;

me adornan afectos y virtudes.

Al fin y al cabo, existo… asisto al asombro del ser…

a la enjundia pura de un escritor de ilusiones

que pone esperanzas en el alma de la gente.

CIPRÉS

En unas horas, escribiré mi biografía,

recordaré las noches al pie del ciprés,

en sus hojas verdinegras beberé,

tocará la historia, la que ansiamos y ansié.

Querer corregir la memoria,

tildarla de pobre, jamás, jamás lo podré.

Habrá derroche de acíbar,

melancólico, nocturno.

En un rato, me atreveré a conversar conmigo,

a sacar de dentro la fábula vivida,

y prenderé un cirio al pie del ciprés.

Me viene a la mente

la sonrisa fresca, el vaso vacío,

la mirada ámbar, el trago de vino,

el verso de Juana, un cáliz vacío,

justo aquella noche, al pie del ciprés.

Se escucha un arpegio, entre la penumbra,

del árbol aquel, la savia comienza a correr,

y muda la noche bebe del recuerdo

poemas, nostalgias de amor y locura,

sueños que mimamos al pie del ciprés.

OTRO CANTO AL AMOR

Canto a la luna y al sol como le canto a la estrella,
y ahora canto para ella este estilo de poesía,
un anhelo de esperanza de este viaje por la vida
donde acuno la ternura, romántica, pura y mía.

No es solo escribir o canturrear
una cadencia de amor por la mañana
ni halagar con frívolas palabras.
Quiero más, mucho más que acariciar su alma.

Son las luces del alba jugando entre las algas,
de un río majestuoso que descansa
su mano en mi mano y una caricia larga,
enredando versos de amor de madrugada.

En un tiempo distinto está este canto,
es un poema sin frontera imaginada,
una encendida trova enamorada,
es una dulce emoción, es el encanto.

Un canturrear semejante al de la aurora,
al de una estrella fugaz que se desmaya,
un sol que se pierde en el ocaso tras la luna,
y despierta para amarte somnolienta a la mañana.

Evaristo Ramón Buda de León

EL HOMBRE DE VERDAD

Cuando un hombre ama de verdad,
vive su propia fantasía.
Se deja seducir, se colma y extasía.
No sabe de adversidad.
Lo conmueve una palabra hermosa.
Es el sueño hecho realidad, la sutil mariposa,
tiene en su rosedal capullos de rosa;
en primavera, sábanas y carmín;
y no le importa sufrir hasta morir;
es murmullo de agua entre las rocas.

Cuando un hombre ama de verdad,
permanece aferrado a su suerte,
no hay fuerza capaz de detenerle.
Ese hombre ama para siempre.

Cuando un hombre ama de verdad,
jamás olvida un engaño,
a pesar de los años, no lo puede acallar.
El amor cubre su piel, el corazón es brasa,
no hay otra oportunidad ni marcha atrás
cuando un hombre ama de verdad.

ESTÁS

Estás en el atardecer
cuando se pone el día,
en el último soplo de mi vida
donde todo parece oscurecer.
Estás en la angustia que siento,
en la desbordada calma que domina,
en el desborde de alegría,
en lo que con ardor quiero.
Estás en la dulce caricia
que por el este despunta.

Estás y estás, siempre estás
en serena armonía,
refrescas y maduras
el umbral de mi memoria,
de principio a fin, mi buque insignia,
arrastras sentimientos del pasado añejo,
estás cual musa que inspira,
eres la verdad exclusiva,
mi sinfonía actual,
la música celestial
que un día mi amor
te habrá de dedicar.

EL ADIÓS

Me estoy aclimatando
a vivir sin tu calor,
estoy aprendiendo,
a dormir sin ti,
caminar sin tu mano
intento pensar y no sufrir.

Qué largo el camino
hacia la eternidad,
será mi destino
cruda realidad;
hablar con la sombra
la triste verdad.

El viento que pasa
me trae el lamento
y su frío aliento
con tu voz contrasta.

Aquí se acaba el amor
pero no cesa la vida,
infeliz dicotomía
de lo nuestro, lo comprendo.

Aprendamos la lección:
nada es eterno;
se esfumaron nuestros sueños,
el perfume, la pasión,
tu figura, la cálida voz;
como dice la canción...
también se fue mi inspiración.

Aprendamos la lección:
nada es eterno;

PENSARÁS EN MÍ

Cuando se haga noche
y sola te encuentres,
pensarás en mí;
al llegar la hora
en que todo se aquieta,
no sabrás vivir.

Tendrás que admitir
todos los apremios
que a través del tiempo
habrás de sufrir.
Te espera el insomnio
de eternas vigilias
sin poder dormir.
No estaré en tu cama
y en la madrugada
pensarás en mí.

Sentirás, empero,
que algo te falta...
obliga, preocupa,
triste y desolada.
Antes que mentir,
en ese momento

en que todo se arrulla,

pensarás en mí.

SOLEDAD

Con fuerza de voluntad,
que es mi esencia de vida,
yo te canto, soledad,
porque sé que nunca,
nunca me vas a dejar.
Conmigo siempre vivirás
hasta el día que me muera,
soy tu esclavo, soledad.

Es el momento de entrar, ¡entra!,
ahora voy a divagar,
ven y siéntate a mi lado,
cuéntame de tu tristeza,
yo sé bien que, más o menos,
andas por mi misma edad.

¿Sabes?, no pierdo la esperanza
de que algún día me dejes,
soledad, mi soledad.

El día que la tristeza
abandone nuestras vidas,
dejarás de ser mía.

Cuando conjugues los verbos
"amar", "perdonar" y "olvidar", ese día
lavarás mis sentimientos,
está grabado en el tiempo
como expresión divina,
soledad, mi soledad.

Cuando conjugues los verbos
"amar", "perdonar" y "olvidar", ese día

ADMIRACIÓN

Como sutil arpegio
llegó a mis oídos
tu almibarada voz,
armoniosa alondra
de oscilante sintonía.
Mariposa etérea
que, con elíptico vuelo,
haces que mi inspiración
se nutra
de la magia viril que inspiras.

El duende
de un poeta antiguo
hizo nido en mi mente
despertando dormidos sueños,
y en nombre de él, te escribo.

Mi amiga Rayito, perdona todos mis atropellos.

LO DE SIEMPRE

Me apasiona contemplar,
tu imagen vuelta al espejo;
acariciar tu cintura,
mientras te beso en el pelo.
Esa dulce sensación…
rozar apenas tus senos
me hace sentir en el cielo,
más allá de las estrellas,
como en otro universo.

En cuanto cierro los ojos,
nacen en mí ternuras, caricias, sueños…
perfumes de amanecer, ávidos
de un amor sin freno
y es allí donde te encuentro,
en un mundo en que se mezclan
pasión, delirio, deseo.

Desde siempre y para siempre,
hasta el final de los tiempos
te sueño en mi paraíso.
En la galaxia que sea,
te quiero, amor, te quiero.

UN RÍO DE ALGAS

La cariñosa amante virtuosa se quitó las bragas a orillas del
río.
El dormido cauce entibió sus aguas, y el paisaje se llenó de
trinos.
Con los aleteos de aves zancudas, su tez ya no sintió frío.
La tibia caricia de la brisa llenó su corazón de sueños y de
bríos.

Los aceitunados ojos parpadearon
cuando la frambuesa se hundía en su boca golosa;
perlados, perfectos incisivos el fruto mordieron,
los cabellos, sedosos y negros, escurrían algas;
brincaba en sus senos un hilo de aliento;
las plantas eran una capa desde la rivera,
y sobre la pelvis estremecida, estrujó a su antojo,
un buen manojo de plantas moradas.

Oía el suave murmullo del agua
recordando un ardiente amor desolado;
sus labios sorbían las traviesas gotas
que corrían jugando sobre sus pecados.

JUEGOS DE ALCOBA

¡Qué bueno decirte lo que siento!
Para alejar de ti los sinsabores,
dejando en tu cama mis sudores
y así acallar a tus tormentos.

¡Qué bueno decirte lo que siento!
Acariciarte el pubis, el ombligo,
gozando la verdad de lo que digo,
y alejar los tristes pensamientos.

Quiero hundir tu piel con mi derroche,
en humedad de sábanas y amor,
mimar tu seno hasta el ensanche.

Abordar tu cadera, el resquemor.
No sé si acabaré esta noche
abrazando con delirio tu temor.

MANUELA

Manuela, la caricia de tu mano loca, loca, loca
incita al bizarro mimo de mi boca,
despierta mi audacia, que se torna patética,
frenética, la que fue mácula, idílica
ahora es erótico desenfreno, vértigo y deseo.
Sí, es tu mano loca que provoca
cataclismos en mi mente.
Mi cabeza hueca ahueca
la almohada de hojas perennes,
acelera el tiempo, arde en la piel.

Manuela, esa voz cantarina
susurra como un fuelle.
Gimes y brincas azulados de glicinas
al hallar las redondeces firmes tu talle.

Juegas en la luz de la ventana;
sin protestas subes terraplenes,
y vuelves a un cielo celeste la retina
a trotar entre mágicos andenes.
La brisa arremolina, aviva la brasa,
arde la llama y abres la camisa,
en nuestras bocas se ahoga la sed
y mis pudores y escarceos caen a tus pies.

LAGUNA DEL SAUCE

La luna majestuosa
ilumina por las noches
la Laguna extiende el dorado manto,
duermen los sauces,
se acuestan sobre su lecho,
descansa su garganta la calandria.

Matices distintos
nos regala el día,
verdes pardos tal acuarelas
arrullo en tu orilla, cuando apunta el sol
y mi corazón une una lágrima
porque acunan mi sueño
arpegios de pájaros silvestres
igual que ayer
garzas que viajan por el pajonal
recuerdos de tiempos que no volverán.

Cuando quiero reencontrarme con los míos,
vuela hacia ti mi pensamiento.
Laguna del Sauce
dulce, buena y benevolente,
grandilocuente manantial.

Laguna noble, natural,
tu agua es pura como tu gente.
Seguramente Dios tendió su mano
para que ningún mortal
tu soñado paisaje pueda olvidar.

PUNTA BALLENA

Al poeta cantor Raúl Montañés

¿Que tendrás, Punta Ballena,
qué misterio vive en ti?
¿Por qué con solo mirarte
me haces sentir feliz?

Calma que llega del mar
filtrándose entre las rocas
la espuma blanca calca, recorta
mi cuerpo sobre la arena
y me despierta la bruma
del letargo de la siesta.

Preciosa
te veo de arriba
mirando hacia Portezuelo,
tu mar azul, tu cielo
me hace pensar en Raúl,
en su legendaria pluma,
fantasía de navegar
en una barca de espuma.

¡Es tu mágica belleza inspiración de los poetas!
Regalas vida y amor, prestas abrigo;
allí, en la paz de tus grutas,
duermen sueños fernandinos.

Gracias...,
Madre Naturaleza,
por tanto amor,
tanta vida,
por juntar tanta belleza.

PESCADOR DE PUNTA BALLENA

Se enreda la madeja en la marejada
Ay, pescador, dónde va tu sueño
de panza y nalga juntas las algas,
vives con empeño y dedicación.

Sobre la Punta Ballena
no hay tiempo para pensar,
rasca y el morral llena,
el mar canta sin descansar.

Blanca barba, blanca espuma, blancas almejas
carnada blanca de sargos
Dios mío, si no me dejas,
será noche de puros tragos amargos.

Arisco como la cabra,
manos rugosas, anzuelos,
por caminos de rocalla,
vuelas sin pisar el suelo.

En el cayo hay pargos
mejillonero zafral,
es natural, allí soba el sabor a sorgo,
huyen del último temporal.

Crece la marea, crece la espuma
en el boquerón,
salta la roca, sube la bruma,
no hay rima triste en tu corazón.

MALDONADO MÍO

Que vengan a mí los poetas.
Que se ilumine mi mente de odas.
Que mi sangre corra por las venas.
Que me ayude el Supremo hoy... ahora.

Quiero cantarle a mi tierra;
mezcla de greda, arena y de tierra.
De sal y de sol, luna y piedra.

Con la sustancia que da la madera,
la espina del cardo y la sementera.

El campo, la playa, tu gente toda;
la rebeldía de tus hembras sagradas,
que quieren y sufren sin decir nada.

Es todo mi orgullo
mi tierra adorada.
Por ti vivo y muero
te tengo en el alma,
sin ti, Maldonado,
soy sombra de nada.

SIN SODA Y SIN HIELO

49

Soy irregular como mis versos,
paralelo, arrastrado y confeso.
Sorbo a sorbo, entrego ebrio al papel
las hojas muertas del árbol, al pasado
marchitado por el embrujo del alcohol
que ya no quiere burbujas en el agua
en donde gas y hielo están sobrando,
tomo el viejo lápiz tan usado,
pincho el número deseado con la parte mocha
que se mueve ante los ojos
y en el oído de la que escucha
muerdo el corazón y digo, susurrando,
"Ya no te quiero".

SUEÑOS ABSURDOS

En el horizonte azul
se confunde con el cielo
una gaviota en su vuelo
desafiando el viento sur.

Un barco también se aleja
buscando un nuevo puerto,
a bordo lleva mi vida,
son mis sueños mar adentro.

Años de mirar el mar,
se han cansado mis ojos
de la inmensidad profunda
del intenso gusto a sal,
del sol, el iodo y mi mal.

Entre nieblas veo llegar
la nave de mis desvelos,
el ave y el barco vuelven
pero la que amé, no creo.

Cuando arriba desafiante
con la gaviota en la proa,
por las dudas, vuelvo, corro,
entro corriendo al puerto
pero solo es ilusión, delirio,
un mal sueño,
todo vano, todo es cruel,
todos vuelven, pero tú,
tú no has vuelto.

CON EL ALMA DESNUDA

Nunca creí que llegaría
a vivir esta alegría,
a esta altura de mi existencia.
¡Cómo imaginar!

La vida se despoja de misterios,
deja correr el velo, me regala secretos
que tenía guardados,
me cuenta y apunta que son para mí.

¿Cuál es mi realidad?, le pregunté,
¿dónde está el tiempo que amando perdí?
Y me dijo: "¡No! ¡No hables, llámate a silencio!
¡Ahora es tu tiempo, sé feliz!".

Y allí estaba mi propia desnudez,
su desnudez, su alma y mi realidad,
las mismas palabras,
su voluntad desnuda pude ver.
Entonces abracé la vida,
su felicidad y la mía
amar no sabía, ese era el secreto,
pero aprendí, despojado de resentimientos
aprendí a ver la vida desnuda, sin miedo.

UNA ROSA ENCARNADA

53

Estaba al final de la mi carrera,
cuando el destino
implacable nos transforma,
en el ocaso de mi vida trasnochada,
de cara a la noche oscura, aturdido,
cuando vino a mí una rosa encarnada.
Hizo cambiar el curso de mis horas,
esa flor dulce y delicada
consiguió renacer las primaveras
y así nació una historia de amor apasionada.

Era el riego esplendoroso, necesario,
para el rebrote que mi alma precisaba,
fue una estrella en el camino solitario,
que se hizo luz de la noche a la mañana.

UN PASEO POR LA VIDA

54

El sol duerme con nosotros en el río,

es el atardecer, tus ojos celestes resplandecen,

la luna sale a jugar y, a su vez, mueve sentimientos.

El aroma de tu tez bronceada embriaga,

se agita el corazón y estremece;

la suave brisa arrima cadencias,

se mecen la inspiración y la rima,

me lleno de ternura… ¡te miro!

y afloran las frases hermosas,

reposa y se aleja sonrojada mi alma,

porque más allá del deseo, te quiero.

Siempre redundo en aromas y en flores;

estás por encima de todo, ¡eres mi todo!

y le canto a tu boca seductora,

a la voz de trinos celestiales,

a las madrugadas románticas,

al aire fresco de otoño,

al día de ayer en el parque.

LA LUNA PERDIDA

Se mueve en el espejo de agua la luna,
se imagina y sueña con alcanzar el sol.
Lo sigue sin desmayo por ríos y colinas.
Es una larga historia, difícil de contar;
la noche y el día son el desencuentro.
Redundaré de nuevo con un verso más,
prólogo de amor ardiente y desolado
que siempre está presente y algún día será.

Ayer, con fragancia de cerros en escenas calinas de laguna
clara y despojada, estuvo a punto de lograrlo.
Cuando él, entre cabriolas, se perdía en encendidos ocasos.

Mañana, otra vez la rutina
de surcar el cielo, de arrancar sueños,
la brisa en el arroyuelo arrancando fantasías.
Los años, como niebla de cortina;
tú, mi luna, como los pájaros nocturnos que buscan sus nidos,
pasarás por mi lado y renacerás mañana.

DESDE LO PROFUNDO

Si el horizonte se viste de colores,
desde el estupendo blanco al ocre,
con el fondo de un cielo celeste.
Si se tiende sobre el mar de caracoles
un paisaje anaranjado, de verdes diferentes...
deja que juega la mente.

No hay lugar a pesadillas
ni por qué andar en exilios de rodillas;
uno puede eclipsarse con la luna
y quedar alucinado ante unos ojos negros.
Se debe temblar por amor, y no de miedo,
en el lánguido aposento de un amante
soñar altanero y arrogante, entregarse
a la pasión del último deseo.

Cuando los ojos de resabios queden ciegos,
cuando te invadan el sentido los recuerdos,
cuando recobres el estado puro y sereno,
soñarás jugar con un niño hermoso entre los senos.

ÚLTIMO POEMA

En el último poema,
muchas voces y palabras
forman lo que fue mi vida.
La contaré con letras
íntimas, intestinas,
verdades, sueños, alegrías,
testigos de la bohemia
de las noches peregrinas.

Iniciado el ocaso
del verso que enamora,
en el minuto excelso
sereno de la aurora,
un cántico nocturno
entre sábanas rosas.

Canta nostalgias el río
en una prolija octava
para arrancar efluvios
a tu garganta dorada
magia afinada de sol
con frases de serenata.

Se acerca el momento
de nuestro balance.
Lo que nunca se olvida.
En ese mudo segundo,

verás cómo aparece
cuando todo se termina;
la realidad escondida
diciendo, triste, "Adiós".